AF256413